V

ECOLE

DES ARTS ET MÉTIERS.

TOME I.

32092

IMPRIMERIE DE BRASSEUR AINÉ.

ÉCOLE
DES ARTS ET MÉTIERS.

Traduction libre de l'Anglois,

Enrichie de 25 Gravures
en Taille-Douce.

Par T. P. Bertin.

Chez L. Duprat-Duverger, *Libraire,*
Rue des Grands Augustins, N°. 21.

ECOLE
DES ARTS ET METIERS,

mise à la portée

DE LA JEUNESSE;

Traduction libre de l'anglais

sur la troisième édition,

Enrichie de vingt cinq Gravures en taille-douce, ainsi que de la Description de différens Procédés nouveaux suivis en Angleterre.

PAR T. P. BERTIN.

BIBLIOTHÈQUE ROYALE

TOME I.

A PARIS,

Chez L. DUPRAT-DUVERGER, Libraire,
rue des Grands-Augustins, N° 21.

1813.

PRÉFACE.

L'ÉNUMÉRATION des arts et métiers compris dans ces volumes présente une définition détaillée des procédés qu'ils emploient. Ce mérite suffirait pour en faire goûter la lecture; mais elle a un autre avantage, c'est qu'elle offre aux fabricans des moyens abréviatifs et de perfectionnement employés chez l'étranger ; nous allons en citer quelques exemples.

Le chandelier est encore en France dans l'usage de supporter lui-même ses baguettes pour les plonger dans l'*abîme* ou la cuve où est le suif, et il éprouve une fatigue dont les Anglais se sont affranchis par le moyen d'un jeu de poulies et le bassin d'une balance, dans lequel ils mettent des contrepoids à fur et mesure que ces chandelles se chargent de suif. Cette idée fort simple mérite d'être généralement accueillie.

Les peignes, instrumens d'un usage journalier et si utiles à la propreté, se taillent isolément en France avec une scie et une lime, qui emploient un temps considérable : chez nos voisins ils s'évident et se terminent par paires, avec le secours d'une machine, dans l'espace de trois minutes.

Ces documens, qui se multiplient dans plusieurs autres états décrits dans cet ouvrage, nous font espérer qu'il n'aura pas moins de succès que la *Science en Miniature*, dont nous avons donné précédemment la traduction, et que, comme ce dernier livre, il offrira à la jeunesse, pour laquelle il a été entrepris, une nouvelle source d'instruction et d'amusement.

Le Carrossier.

ÉCOLE

DES

ARTS ET MÉTIERS.

LE CARROSSIER.

Le carrossier fait des voitures de toute espèce. Les carrosses n'ont été connus en Europe qu'au commencement du seizième siècle, où il n'y avait que les femmes du haut parage qui s'en servaient, et où c'était une honte pour un homme de monter en voiture.

Lorsque les électeurs et les princes d'Allemagne voulaient alors ne pas se trouver aux assemblées des états, ils s'en excusaient auprès de l'empereur en lui écrivant que leur santé était trop faible pour leur permettre de monter à cheval.

Les plus anciennes voitures dont se soient servies les femmes en Angleterre ont été connues sous le nom de *whirlicotes*, et, d'après l'historien Stow, les carrosses ont été introduits de l'Allemagne dans ce pays vers l'an 1580. Ce ne fut que vingt ans après qu'ils commencèrent à être généralement en usage.

Le célèbre duc de Buckingham fut la première personne qui monta dans une voiture à six chevaux : pour tourner en ridicule ce nouveau genre de luxe, le comte de Northumberland en mit huit à son équipage.

Les carrosses consistent en deux parties principales, la caisse et le train. La caisse est la partie dans laquelle montent les personnes qui se font voiturer, et le train est tout le charronnage qui soutient la caisse et auquel sont attachées les roues, qui donnent le mouvement à la voiture.

Le nombre des ouvriers qui concourent à la perfection d'une voiture est assez considérable. Il consiste dans un menuisier pour le bois de la caisse; un serrurier pour la ferrer et en fabriquer les ressorts; un peintre ordinaire pour vernir le bois, le train et les roues; un peintre dessinateur pour le blason et les ornemens; un sculpteur pour toute la sculpture de la caisse et du train; un franger pour fournir toutes les tresses, les glands et les houppes qui se placent dans l'intérieur de la caisse; un sellier-carrossier pour en tapisser d'étoffes l'intérieur, et couvrir en cuir plusieurs parties du dehors; un bourrelier pour les cuirs de suspension; un doreur pour toute la dorure sur bois; un fondeur pour tous les ornemens de fonte; un ciseleur pour les ornemens de cuivre ciselé; un charron pour le train et les roues; un maréchal-grossier pour les essieux, boulons, bandes et roues, sans compter l'ouvrier qui fait le plaqué sur métaux.

En Angleterre la caisse de la voiture est de bois de frêne, mais les panneaux en sont ordinairement faits de bois d'acajou; l'extérieur en est couvert d'un cuir bien lisse et enduit d'un vernis très-brillant; l'intérieur est tapissé de drap rembourré avec du crin. Les voitures des gens de la première distinction sont doublées de soie, de velours, et quelquefois de superbe maroquin.

Les carrosses ont ordinairement deux paires de roues avec des essieux et un timon.

Le timon est une pièce du bois du train, qui est longue et droite, et à laquelle on attache les chevaux.

Les carrosses se distinguent aussi suivant l'usage que l'on en fait; ainsi il y a des carrosses publics ou des diligences, des coches, des vélocifères, etc. Les vélocifères ont été inventés en France; ils sont très-commodes.

Les voitures de place sont celles que l'on fait circuler dans les rues de Londres à des prix fixés par l'autorité. L'introduction de ces carrosses en Angleterre date de l'année 1625, époque où il n'y en avait que vingt; en 1715 le nombre en fut limité à huit cents, et aujourd'hui il y en-a onze cents qui sont toujours sur les places ou chargés : le dimanche le nombre de ceux occupés est beaucoup moins considérable.

Les cochers des voitures de place, appelées *fiacres* en France, sont soumis à des règlemens très-sévères.

Les voitures modernes de l'Europe étaient inconnues en Chine jusqu'à l'ambassade du lord Macartney dans ce pays : deux brillans équipages furent envoyés avec cet ambassadeur pour être offerts à l'empereur. Ces voitures causèrent plus d'embarras aux Chinois que tous les autres cadeaux ; on n'avait jamais rien vu de pareil dans la capitale, et les disputes qui s'élevèrent entre les habitans de cette ville pour la partie destinée à être la place de l'empereur furent très-singulières. La housse qui couvrait le siége du cocher avait une très-belle bordure de festons de roses en or; sa magnifique apparence et la situation élevée du siége la firent passer aux yeux de la majorité pour être la place de l'empereur; mais il s'éleva entre eux une difficulté sur la manière dont serait occupé l'intérieur du carrosse; ils se mirent à en examiner les portières, les glaces et les stores, et en conclurent qu'il ne pouvait être destiné qu'aux dames de la cour; un vieil eunuque alla prendre à cet égard les informations les plus exactes.

Lorsqu'on lui eut dit que le siége était la place destinée à celui qui était chargé de conduire les chevaux, il demanda avec un sourire ironique s'il était permis de supposer que l'empereur pût jamais consentir à voir un homme occuper une place plus élevée que la sienne, et à ce qu'il lui tournât le dos; il témoigna en même temps le désir que l'on pût ôter ce siége et le placer derrière la voiture.

Le mot *carrosse* et ses accessoires ont donné naissance à différens proverbes et expressions familières que nous placerons ici avant de terminer cet article.

On dit vulgairement et proverbialement d'un être grossier, brutal ou stupide, *c'est un vrai cheval de carrosse ;* dans le style familier, en parlant d'un homme qui a déjà pris quelque engagement dans une affaire, qu'*il a donné des arrhes au coche ;* et de quelqu'un qui se fait valoir, qui vante ses actions, qu'*il fait claquer son fouet ;* on dit proverbialement enfin, en parlant d'une chose très-inutile, qu'*elle sert comme une cinquième roue à un carrosse.*

Le Chandelier.

LE CHANDELIER.

Le chandelier, ou ſabricant de chandelles, mène un commerce ſort étendu dans toutes les contrées du monde civilisé.

Une chandelle consiste dans une mèche de coton couverte de suif et allumée par son extrémité supérieure; elle sert à éclairer en l'absence du soleil.

Les chandelles doivent être

faites de parties égales de graisse de bœuf et de graisse de mouton ; elles sont de deux espèces, l'une moulée, et l'autre plongée ou à la baguette.

Le coton dont on se sert pour les chandelles plongées se tire de Smyrne en balles ; il croît sur les arbres, où il se trouve renfermé dans une gousse ; on le carde et on le file. Le coton pour les chandelles moulées vient de Turquie et des contrées adjacentes ; on lui fait faire la quarantaine avant qu'il arrive en France ou en Angleterre.

Le chandelier se sert de femmes pour dévider le coton en pelottes; il tire un fil de chacune de ces pelottes, le coupe dans la longueur convenable, qui lui est indiquée par celle des chandelles.

L'ouvrier emploie un escabel et un couteau à mèche : on nomme cet appareil *banc à couper les mèches*; il a deux madriers montans retenus par une traverse; il y a sur ce banc une lame de rasoir et une tige de canne placées dans une situation perpendiculaire à une certaine distance l'une de l'autre, suivant la longueur du coton. Le coton se dirige autour de la broche ou canne vers le couteau, et est aussitôt séparé des pelottesp ar son tranchant.

L'opération qui suit celle-ci est celle d'*effilocher* le coton, ce qui se fait en unissant le fil et en enlevant tous les nœuds. On transporte ces mèches sur de longues baguettes appelées *broches;* elles ont un peu plus de trois pieds de long.

La profession de chandelier s'exerce à Londres dans un sellier, dont nous avons la représentation par la vignette ci-contre, ainsi que de l'escalier qui y conduit.

Le suif se fond dans une large chaudière; quand il est bien

écumé et raffiné on le transvase dans un vaisseau appelé *moule* ou *abîme*, dans lequel on plonge les mèches. L'ouvrier tient entre ses doigts les broches sur lesquelles les mèches sont repliées, et les plonge dans le moule; elles sont ensuite suspendues sur un châssis, où elles restent jusqu'à ce qu'elles soient refroidies et durcies; pendant ce temps-là il en plonge d'autres. Lorsqu'elles sont suffisamment refroidies les unes et les autres on les plonge une seconde et une troisième fois, et ainsi de suite jusqu'à ce qu'elles aient la grosseur convenable.

Il faut remuer pendant cette opération le suif de temps à autre, et fournir le moule ou abîme d'une nouvelle quantité de suif que l'on tient à une chaleur convenable par le moyen du feu qu'on met dessous.

Tel était le procédé long et pénible universellement adopté pour faire des chandelles lorsque, il y a environ vingt ans, on inventa à Londres une nouvelle méthode représentée dans la vignette, et que l'on peut décrire ainsi :

Trois poulies sont disposées dans l'intérieur d'une solive; sur ces poulies roulent des cordes d'une grosseur convenable ; elles sont fixées à un châssis sur lequel sont placées les broches. Il y a dans la balance des poids suffisans pour remonter les broches ; on augmente la valeur des poids à mesure que les chandelles deviennent plus grosses et plus pesantes. L'ouvrier, au moyen de cette invention très-simple et très-bien imaginée, n'a qu'à s'occuper de guider les chandelles, et n'a pas à supporter entre ses doigts la pesanteur des broches.

Au coin à gauche de la vignette sont les moules dans lesquels se fondent les chandelles moulées ; le support en est de bois, et les différens moules qu'il contient sont des cylindres d'étain creux du diamètre et de la longueur dont on a besoin pour les chandelles. A l'extrémité de ces moules est un rétrécissement en cône qui forme en dedans une doucine. Cette partie, qui n'est pas séparée de la tige, se nomme *collet ;* elle est percée à son sommet d'un trou assez grand pour que la mèche puisse y passer. Le coton est introduit dans le moule par un fil de fer qui le traverse, et doit passer le collet avec un peu de force; l'autre bout de la mèche est attaché de manière à la tenir dans une situation perpendiculaire et au milieu de la chandelle; on remplit alors les moules de suif chaud, et on les laisse refroidir avant d'en retirer les chandelles. Indépendamment de ces chandelles, il en est d'autres destinées à brûler pendant la nuit sans qu'on soit obligé de les moucher : la mèche en était faite autrefois de roseau fendu; mais depuis quelque temps on se sert de petites mèches de coton qui sont moins sujettes à s'éteindre, et qui, à raison de la petitesse du lumignon, n'ont pas besoin d'être mouchées.

La profession de chandelier renferme celle de fondre le suif, ce qui se fait en coupant par petits morceaux le suif à mesure qu'on le retire du bœuf ou de la brebis, et en le faisant bouillir pendant quelque temps dans une grande chaudière. Quand on en a extrait la graisse par le feu, le résidu est soumis à l'action d'une forte presse en fer, et le marc qui reste quand le suif est exprimé se nomme *pain de creton ;* on en nourrit les chiens, et la plus grande partie des canards que l'on élève dans la vallée d'Aylesbury et qui fournissent les marchés de Londres est engraissée avec du pain de creton : on en donne aussi quelquefois aux bœufs et aux cochons ; mais il s'en faut de beaucoup que cette nourriture donne un bon goût à la chair de ces animaux.

Il s'importe tous les ans, en temps de paix, de grandes quantités de suif de la Russie en Angléterre. Ce suif est renfermé dans des barils semblables à celui que l'on voit dans le coin de la vignette; on en fait du savon et des chandelles d'une qualité inférieure.

Le prix des chandelles était autrefois réglé à Londres par le maître et les gardiens de la communauté des chandeliers, qui se réunissaient à cet effet tous les mois à leur salle d'assemblée, le premier de chaque mois; mais maintenant le prix de tous les articles qui concernent cette profession est fixé toutes les semaines aux marchés. Les mots *chandelier* et *chandelle* ont donné, dans toutes leurs acceptions, lieu à différentes expressions figurées et proverbiales.

On dit, en termes de l'Ecriture, qu'*il ne faut pas mettre la lumière sous le boisseau, mais sur le chandelier, afin qu'elle éclaire toute la maison; être placé sur le chandelier* signifie occuper une place éminente, principalement dans l'église ; on dit vulgairement et proverbialement, par allusion aux ailes d'un papillon qui se brûle à la chandelle, qu'*un homme vient se brûler à la chandelle*, pour dire qu'il se confie à ceux dont il devrait se défier, qu'il cherche un asile dans le lieu où il y a le plus de danger pour lui ; d'un homme qui se ménage entre deux partis opposés, qu'*il donne une chandelle à Dieu et l'autre au diable ;* de celui qui est échappé d'un grand péril, qu'*il doit une belle chandelle à Dieu ;*

que la chandelle qui va devant vaut mieux que celle qui va derrière, pour dire que les aumônes qu'on fait durant sa vie valent mieux que les legs pieux que l'on fait après sa mort; qu'*un homme est ménager de bouts de chandelle*, pour faire connaître qu'il est ménager en de petites choses, ne l'étant pas dans les plus importantes; d'une chose qui coûte plus qu'elle ne vaut, que *le jeu n'en vaut pas la chandelle*; d'un ménage où le mari et la femme font également de la dépense, qu'*on y brûle la chandelle par les deux bouts*; enfin, que *la chandelle brûle*, pour dire que le temps se passe.

On dit aussi vulgairement *découvrir la mèche*, *vendre la mèche*, pour dire découvrir le secret d'un complot.

LE JARDINIER.

Le jardinier s'occupe de la culture des arbres fruitiers, des fleurs, des plantes et des légumes de toute espèce.

Les jardins se distinguent en *parterres*, *jardins à fruits* et *jardins potagers* : les premiers servent pour le plaisir et pour l'ornement; ils sont placés dans

Le Jardinier.

l'endroit le plus apparent, les deux autres sont destinés au service de la maison, et placés dans les endroits les plus retirés. Autrefois ils étaient distincts; mais aujourd'hui on les réunit en un, parce que tous deux exigent un bon terrain ainsi qu'une bonne exposition, et qu'ils sont placés ordinairement loin de la maison.

Les principales opérations du jardinier consistent à planter, greffer, tailler, semer, etc. La plupart de ces opérations sont si connues que nous ne parlerons que de la *greffe*, qui est l'art d'insérer une branche d'arbre dans la branche ou le tronc d'un autre, pour en corriger ou améliorer le fruit.

Les outils nécessaires pour ce travail sont un couteau à greffer, une quantité de liens de jonc ou de laine pour nouer les deux branches ou les deux troncs, et de l'argile bien détrempée pour en enduire la ligature et la préserver de l'air et de la pluie. Quand les greffes ou les boutures, qui doivent avoir une année de croissance, sont prêtes, vous choisissez une partie unie du tronc; vous en ôtez l'écorce avec un peu du bois de la longueur d'un pouce, de manière qu'elle ait la forme d'un coin. Ces branches doivent être garnies de quatre à cinq yeux. On dispose ensuite l'une d'elles de manière qu'elle remplisse le vide de l'autre à l'endroit où elle a été fendue, et que leurs écorces puissent se joindre de tous les côtés. Après avoir ainsi fixé la greffe vous la nouez immédiatement à plusieurs tours avec un lien de jonc, en ayant soin de maintenir la greffe dans sa position. Ce bandage étant bien attaché, vous couvrez la place d'argile, pour que ni le vent, ni le soleil, ni la pluie n'y puissent pénétrer. Cette greffe se nomme *greffe en fente*.

Deux genres de greffer sont merveilleusement bien définis par ces vers de l'abbé Delille :

Cet art a deux secrets dont l'effet est pareil;
Tantôt, dans l'endroit même où le bouton vermeil
Déjà laisse échapper sa feuille prisonnière,
On fait avec l'acier une fente légère ;
Là d'un arbre fertile on insère un bouton,
De l'arbre qui l'adopte utile nourrisson;
Tantôt des coins aigus entr'ouvrent avec force
Un tronc dont aucun nœud ne hérisse l'écorce.
A ces branches succède un rameau plus heureux ;
Bientôt ce tronc s'élève en arbre vigoureux,
Et, se couvrant de fruits d'une race étrangère,
Admire ses enfans dont il n'est pas le père.

GÉORGIQUES.

Le jardinier représenté par la vignette est dans un parterre; il est occupé à bêcher. Il y a devant lui un rateau, un arrosoir et une bêche; à gauche est une planche de tulipes, et derrière elles, sur un amphithéâtre, différens pots.

A la droite est l'aloës, qui ne fleurit qu'une fois dans un siècle.

La culture des fleurs est une occupation très-agréable; avec une attention convenable il en est auxquelles on parvient à donner une très-belle apparence, quoiqu'elles en eussent une très-simple et très ordinaire. Il existe plusieurs espèces de jardiniers; les uns gagnent leur vie à cultiver les jardins des autres, et ils reçoivent par an une somme proportionnée à l'étendue de ce jardin qu'ils cultivent; d'autres vivent dans les maisons des riches particuliers, et reçoivent, comme les autres domestiques, des gages suivant leurs talens. Il est des jardiniers qui travaillent à la journée au dehors.

Indépendamment de ces jardiniers il est des maraichers, c'est à dire des personnes qui élèvent des plantes et des légumes, et les font vendre dans les marchés et autres lieux. Les jardins pour la culture des légumes destinés à être vendus ont été exploités pour la première fois aux environs de Sandwich, dans le comté de Kent.

Cet exemple fut bientôt suivi près de la capitale, et il est peu de spectacles plus intéressans que la vue du marché de Covent-Garden, les matins des samedis, au commencement de l'été.

A quelques milles de la métropole il y a environ cinq mille acres de terre constamment cultivés pour l'approvisionnement du marché de Londres en légumes, sans compter dix-huit cents acres plantés d'arbres à fruit de toute espèce, et environ dix-sept cents acres de pommes de terre. Les paroisses Saint-Paul, Deptford, Chiswich, Battersea et Mortlahe sont célèbres par leurs asperges; Deptford est aussi renommé pour la culture des oignons, dont il ne se vend que la graine; il y en a environ vingt acres de semés tous les ans.

La profession de jardinier, ses instrumens de jardinage, les jardins et tout ce qui concerne son état, ont fait naître différens proverbes et expressions figurées; voici les principales : on dit vulgairement et proverbialement *jeter des pierres dans le jardin de quelqu'un*, pour dire mêler dans un discours des paroles qui attaquent quelqu'un ind rectement; *ne voyez-vous pas qu'en disant telle chose il jetait des pierres dans votre jardin; ce mot est une pierre jetée dans mon jardin.* En parlant d'une chose qu'on regarde comme très-difficile on dit *j'aimerais mieux bécher la terre que de faire ce que vous me dites.* On dit vulgairement et familièrement de laquais, d'écoliers et d'autres gens malins, que *c'est une mauvaise graine; que mauvais grain est tôt venu.*

LE PERRUQUIER.

Le perruquier peigne et taille les cheveux des hommes et des femmes; il fait des perruques, et dans beaucoup de cas sa profession comprend en Angleterre celle de raser. Le perruquier représenté dans la vignette a besoin de ciseaux, de peignes, de poudre et de pommade, choses trop connues pour que nous en fassions ici la description.

Cet état était dans une plus grande vogue il y a dix ans

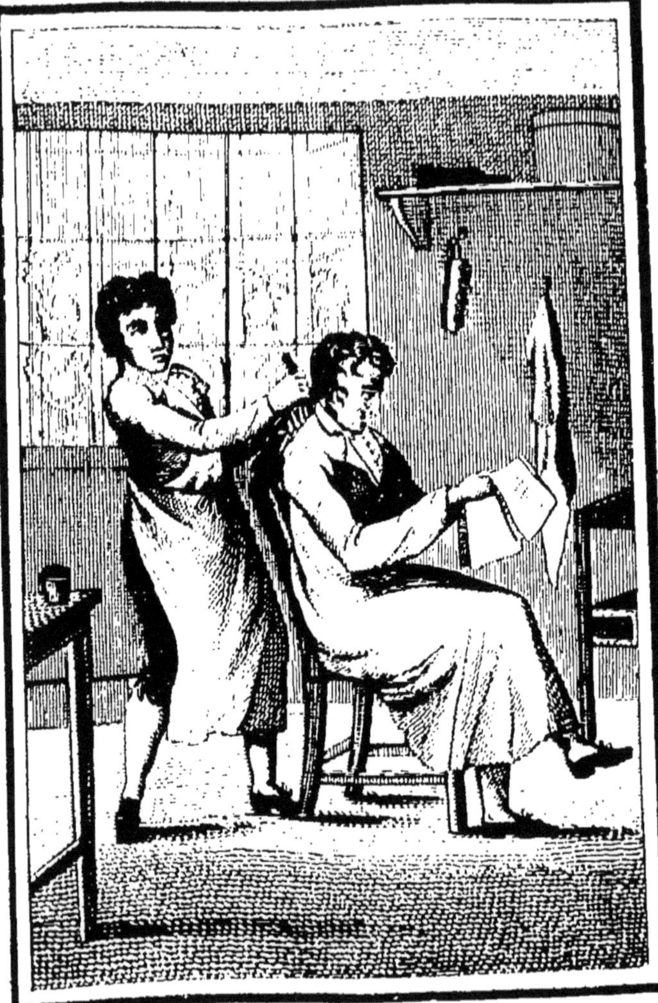

Le Perruquier.

qu'aujourd'hui. En 1795 le gouvernement anglais imposa une taxe d'une guinée sur toutes les personnes qui porteraient de la poudre : cet impôt fit beaucoup de tort à la profession de perruquier. Il régna l'année suivante et dans l'année 1799 une disette extrême de blé, dont se tire la poudre; cette circonstance détermina beaucoup de personnes à ne plus se faire coiffer.

Les principales qualités exigées dans un perruquier sont une main légère, une habitude à saisir les modes en faveur, et le talent de les perfectionner.

Les hommes et les femmes se coiffent de perruques blondes ou brunes dans tous les pays civilisés; mais la fureur d'en porter a fait distinguer le commencement du dix-neuvième siècle. C'est en vain qu'il parut différens ouvrages pour empêcher le sexe de faire le sacrifice de ses cheveux et d'en porter de faux; cette mode devint générale; on ne voyait aux femmes brunes que des perruques blondes, aux blondes que des perruques brunes; souvent la même femme en portait deux de différentes couleurs en un jour, et, comme dit

Young, elle devenait *sa propre rivale dans vos bras* (1).

Aujourd'hui la mode de porter perruque est reléguée chez celles de nos douairières qui ne veulent pas absolument vieillir. Certains hommes *tirant sur le grison* croient se donner un air de jeunesse en portant perruque au mépris de ces vers de l'*Ecole des Maris :*

Cela sent son vieillard qui, pour s'en faire accroire,
Cache ses cheveux blancs d'une perruque noire.

---

(1) Satires d'Young, ou l'Amour de la Renommée. (*Version du traducteur.*)

Aussi n'y a-t-il pas de métier plus lucratif que celui de faire des perruques, après celui de couper les cheveux à *la Titus?* Les adeptes dans cet art jouissent d'une telle renommée que le plus célèbre d'entr'eux se contente de mettre au-dessus de sa porte son nom sans autre indication, et que si un mandarin était tenté de lui écrire, comme autrefois à Boerhaave, il lui suffirait de mettre sur l'adresse *à l'illustre Armand, en Europe*, et que la lettre parviendrait à son adresse.

La mode de porter perruque et de faux cheveux n'est pas particulière aux temps modernes; elle était en vogue chez les Grecs et chez les Romains. La perruque de l'empereur Commode était poudrée avec de la poudre d'or que l'on y faisait tenir au moyen de parfums d'une nature visqueuse.

L'usage des perruques a été introduit en 1629 à Paris, d'où il s'est répandu par degrés dans toutes les autres parties de l'Europe.

Les cheveux forment une branche de commerce très-considérable. Leur mérite consiste à être très-bien nourris, et à n'être ni trop gros ni trop minces; la grosseur les empêche de se prêter à la frisure, et la finesse de les garder longtemps frisés. Il n'y a pas de prix fixe pour les cheveux ; mais ils se vendent en Angleterre depuis 5 schelings jusqu'à 5 liv. sterling l'once, suivant leur qualité et leur couleur.

Autrefois le perruquier tressait et frisait indistinctement les faux cheveux par les deux bouts ; mais il est reconnu aujourd'hui que ceux destinés aux perruques doivent être tressés par le bout qui croît près de la tête, et que l'autre extrémité seule doit être frisée.

Les perruques fatiguées sont susceptibles d'être mises à neuf avec le secours d'un fer chaud et des papillotes ; mais il ne faut pas ensuite les exposer à la pluie : cela me rappelle une anecdote assez singulière.

Un jour un médecin de Lancasshire dit au jeune apprentif de son barbier : — Jack, il faut que tu prennes cette vieille perruque et que tu la passes au fer ; je te paierai grassement ; n'en dis rien à ton maître au moins. — Le garçon accepta cette proposition ; mais comme il n'aimait pas celui qui voulait l'employer, il fit part à son maître et aux autres apprentifs des offres du docteur, et se mit ensuite à l'ouvrage, mais avec des fers si chauds qu'il grilla tous les cheveux de la perruque, sans cependant la brûler tout à fait, et de manière qu'elle paraissait encore avoir l'air d'être frisée. — C'est très-bien, Jack, dit le docteur; voici un scheling. — Un ou deux jours après le docteur sortit à cheval avec sa perruque ainsi mise à neuf; mais ayant malheureusement été assailli d'une averse, les boucles s'en détachèrent les unes après les autres, et il ne resta plus de la perruque que la coiffe. Le docteur entra dans une colère qui ne peut pas se rendre; mais il n'osa pas se plaindre, parce qu'il avait engagé l'apprentif à faire une chose contraire aux intérêts de celui qui nourrissait ce jeune homme et qui lui apprenait son état.

L'opération du barbier, qui est une autre partie de la profession de perruquier, n'a pas besoin de description; le grand art de celui-ci consiste dans une main légère et un bon rasoir.

La profession de perruquier et de barbier, et leurs instrumens, ont donné lieu aux proverbes suivans :

On dit figurément et proverbialement qu'*un barbier rase l'autre* pour dire que les gens d'une même profession se soutiennent ou se louent l'un l'autre ; on dit proverbialement et figurément d'un jeune homme, quand il veut faire des choses qui demandent plus de maturité, plus de poids que n'en ont ordinairement les jeunes gens de son âge, qu'*il a la barbe trop jeune ;* on dit encore proverbialement qu'*un homme rit dans sa barbe* pour dire qu'il est bien aise de quelque chose, mais qu'il n'en veut pas faire semblant.

LE

FABRICANT DE PEIGNES.

L'USAGE des peignes est trop connu pour qu'il soit besoin d'en donner ici la description. Ils se font en général de corne de bœuf ou de dents d'éléphant et de rhinocéros ; on en fait aussi d'écailles, de buis et de houx. Voici la manière de préparer la corne pour en fabriquer les peignes.

le Fabricant de Peignes.

On en scie le bout, puis on l'expose à l'action d'un feu de bois, ce qui s'appelle *griller*, et elle devient aussi souple que du cuir; dans cet état on l'entr'ouvre d'un côté, et on la presse entre deux plaques de fer; on la plonge ensuite dans une auge remplie d'eau, dont elle sort dure et plate.

Le fabricant de peignes la scie alors dans une longueur proportionnée à celle des peignes dont il a besoin. Pour former les dents de ces peignes on fixe chaque feuille de corne dans un outil appelé *âne*, représenté debout dans la vignette, derrière l'ouvrier. Le fabricant de peignes se met à cheval pour travailler, sur un banc triangulaire ou établi en forme de prie-dieu, et sous lui est placé l'âne. A la mâchoire supérieure de cet âne est une corde qui descend jusqu'à la hauteur des pieds de l'ouvrier; il lâche ou serre cette corde avec son pied, selon qu'il en est besoin.

Les dents des peignes se taillent avec une scie et se finissent à la lime; une plus grosse lime, appelée râpe et semblable à celles suspendues sous la fenêtre représentée dans la vignette, sert à réduire la corne à son épaisseur nécessaire ; lorsque les peignes ont reçu la forme qu'il leur convient on les polit avec du charbon et de l'eau ; ils reçoivent ensuite leur dernier fini de la poudre de pierre pourrie.

Les procédés employés pour faire des peignes d'ivoire doivent être à peu près les mêmes que ceux que nous venons de décrire, si ce n'est qu'il faut commencer par les séparer en feuilles très-minces. Le meilleur ivoire vient des îles de Ceylan et d'Archand, dans les Indes orientales, attendu qu'il a la propriété de ne jamais jaunir ; l'ivoire qui provient de ce pays est en conséquence beaucoup plus cher que celui des autres parties du globe.

Après avoir décrit la manière ordinaire de faire les peignes nous croyons devoir informer le lecteur qu'il y a environ huit ans M. Bundy, de la ville de Cambden, a obtenu une patente pour tailler les peignes avec une machine.

On doit regarder comme une circonstance particulière qu'avant cette époque on n'avait pratiqué dans ce pays, pour tailler les dents de peignes, aucune autre méthode que l'emploi d'une scie grossièrement fixée à un manche de bois, et dirigée par la main de l'homme. C'est avec ce moyen cependant que se taillent les peignes d'ivoire superfins, qui ont cinquante à soixante dents par pouce. La machine à tailler les peignes de M. Bundy est très-expéditive; les dents de deux peignes sont sciées dans l'espace de trois minutes; on termine ensuite la pointe de ces peignes en les appliquant à un arbre ou axe de roue pourvu d'un découpoir armé de dents taillées en biseau.

On se sert beaucoup de peignes d'écailles, et il est des méthodes de teindre la corne de manière à lui faire imiter l'écaille; en voici une des plus usitées. Il faut d'abord aplatir la corne que l'on veut teindre, et la couvrir d'une pâte faite de deux parties de chaux vive et d'une de litharge, à laquelle on donne la consistance nécessaire avec de l'eau de savon; il faut étendre cette pâte sur toutes les parties de la corne, excepté sur celles que l'on veut laisser transparentes, pour lui donner de la ressemblance avec l'écaille. On laisse la corne dans cet état jusqu'à ce qu'elle soit entièrement sèche, et alors on en ôte la pâte avec une brosse. Il faut du goût et du jugement pour disposer la pâte de manière à former une variété de parties transparentes de différentes grandeurs et de différentes formes qui imitent la nature; on a besoin aussi de demi-transparences; elles se font en mêlant du blanc d'Espagne avec une partie de la pâte pour en affaiblir l'effet dans certaines places; il se fera alors des taches d'un brun rougeâtre qui augmenteront la beauté de l'ouvrage. La corne ainsi nuancée sert à fabriquer des peignes, et il en est de cette sorte que l'on vend souvent pour de l'écaille.

Les peignes servent non seulement à peigner les cheveux et à les mettre en ordre, mais encore à orner la tête; on les enrichit quelquefois de pierres de couleur, de perles, et même de diamans; ces peignes affectent différentes formes et servent à tenir les cheveux relevés quand les dames se coiffent sans bonnet. On peut donc faire des peignes de tous les prix, depuis celui de quelques pences (2 sols) jusqu'à celui de la somme la plus considérable.

L'ouvrier représenté dans la vignette est occupé à tailler les dents d'un peigne; à sa gauche est un banc avec des peignes entièrement finis; on voit par terre des cornes avec lesquelles il les a fabriqués, et à gauche, dans un coin, est un tas de copeaux et de rognures de cornes.

La corne dont on fait les peignes est transparente lorsqu'elle est mince, et on l'a souvent employée en place de verre pour des carreaux de vitre.

Quand elle a été chauffée au feu on lui fait prendre toutes les formes que l'on veut, et on en fait des colifichets de toutes les espèces. L'analise a démontré que l'écaille de tortue consiste en membranes très-minces appliquées les unes sur les autres, et qu'elle ressemble beaucoup par sa nature aux ongles des pieds et des doigts de l'homme.

Du temps de Bacon les vieillards se peignaient les cheveux avec des peignes de plomb pour les rendre d'un noir plus foncé. On a vu des femmes à chevelure rousse employer le même moyen pour changer la nuance de leurs cheveux ; mais tous ces expédiens manquent leur but, parce que le plomb perd promptement sa couleur à l'air en s'oxidant. Le meilleur moyen de colorer les cheveux en noir est d'employer du nitrate d'argent ou de la dissolution d'argent dans de l'acide nirique (eau-forte); cette substance liquide désorganise promptement les matières animales. Si l'on en met sur les cheveux ou sur les *favoris* elle les teint promptement en un noir qui ne s'efface jamais ; mais il faut se servir avec beaucoup de précaution de cette dissolution, qui cautérise la peau. Pour éviter tout accident il faut étendre le nitrate d'argent dans une quantité convenable d'eau distillée.

La profession de fabricant de peignes, les objets qu'il fabrique et les instrumens qu'il emploie, ont donné lieu au proverbe suivant : on dit proverbialement d'un homme prompt et violent qu'*il tuerait un mercier pour un peigne*, pour dire que quand il est en colère il s'emporte avec excès pour peu de chose.

La Marchande de Modes.

LA

MARCHANDE DE MODES.

Le travail de la marchande de modes et les articles qu'elle fabrique sont très-bien développés dans la vignette. Des chapeaux, des bonnets et des toques sont étalés aux fenêtres de sa boutique, avec une mante, une palatine et un manchon; la marchande elle-même est occupée dans son comptoir à faire un chapeau. Les cartons que l'on voit à terre sont destinés à contenir l'ouvrage qu'elle porte en ville quand il est fini, ou à renfermer quelques objets de son commerce, comme des plumes, des fleurs artificielles, de la mousseline, de la gaze, du crêpe, etc.

Les tiroirs de la table ou du comptoir sont faits pour serrer des rubans de différentes largeurs, nuances et prix, du fil, de la dentelle, de la soie, etc.

Une marchande de modes doit avoir du goût, de l'imagination et un discernement prompt à distinguer, imiter et perfectionner les différentes modes, qui changent perpétuellement dans les classes les plus distinguées de la société.

La mousseline, qui constitue un des principaux articles de la profession de marchande de modes, est une étoffe très-fine, faite entièrement de coton; elle tire son nom d'un duvet très-fin que l'on voit à sa surface et qui ressemble à de *la mousse*. Il est différentes mousselines importées en Angleterre des Indes orientales; les meilleures sont celles qui viennent du Bengale; elles sont sujettes à des impôts considérables, qu'on restitue aux marchands s'ils parviennent à les exporter chez l'étranger.

La gaze est une étoffe de soie et quelquefois de fil très-légère, très-fine et très-transparente. Le métier de fabricant de gaze ne diffère pas beaucoup de celui de tisserand ; mais le premier a quelques accessoires qui lui sont particuliers. Il existe beaucoup d'espèces de gazes ; les unes ont des fleurs sur un fond de soie, d'autres sont brochées en or et en argent. Il se fait de la gaze en

Angleterre ; mais la plus grande partie en est importée de la Chine.

Le crêpe est une étoffe très-légère, très-transparente, et qui a sous quelques rapports de la ressemblance avec la gaze ; il se forme de soie écrue gommée, tordue sur un rouet et tissée sans que les fils se croisent : on s'en sert pour les habillemens de deuil, et c'est aujourd'hui une étoffe fort à la mode pour les parures de cour.

Le crêpe employé pour le deuil est crépu ou lisse; le premier est double et annonce un très-grand deuil; le crêpe simple ou lisse indique le plus petit deuil. Le crêpe reçoit différentes couleurs; mais la soie s'en teint toujours en écru. La principale fabrique de cette étoffe est à Lyon, en France; mais il s'en fait beaucoup dans différentes parties de ce royaume.

Le crêpe qui s'emploie à des ajustemens de cour est orné de différentes manières; quand on en fait des bonnets ou des turbans on le brode en paillettes et en fleurs artificielles, ou on l'enrichit de diamans.

Les paillettes sont de petites

lames rondes et minces de métal, percées au milieu, que l'on coud sur des vêtemens. On les fait de la manière suivante : on tourne autour d'une broche de fer du fil de laiton, auquel on fait prendre la forme d'une vis; on le coupe ensuite en courbes spirales pareilles à celles dont se servent les épingliers, et ces cercles, étant placés sur un tas fort uni, sont aplatis et étendus par un vigoureux coup de marteau, de manière qu'il reste un petit trou dans le milieu; les extrémités du fil de laiton, qui sont placées l'une sur l'autre, sont alors unies de très-près. Les paillettes en or et en argent ont été fabriquées pour la première fois dans les manufactures de France, où elles ont été fort longtemps un secret ; elles furent néanmoins employées avec beaucoup de succès par la suite en Allemagne et dans d'autres contrées.

Les fleurs artificielles se font quelquefois avec du beau papier de couleur, quelquefois avec des cocons de vers à soie, mais principalement avec de la batiste, espèce de toile de lin fabriquée pour la première fois à Cambrai, en France, et dont il y eut de grandes quantités d'importées dans ce pays. Maintenant toutes les personnes convaincues en Angleterre de porter, de vendre ou de louer de la batiste, du cambric ou du linon de France, sont sujettes à une amende de cinq livres sterling; les cambrics d'Angleterre se fabriquent en Irlande et en Ecosse.

Les rubans employés par les marchandes de modes sont tissés; il y en a de différentes espèces, qui portent différens noms, comme ceux-ci : *rubans chinés*, *rubans de satin*, *rubans de taffetas*, etc. Les marchandes de modes vendent aussi des manchons et des palatines; mais ces objets se fabriquent par les marchands de pelleterie.

Les marchandes de modes emploient beaucoup de velours, étoffe fort à la mode.

Le velours est une étoffe de soie à poil court et serré. Il y a du velours à deux poils, à trois poils, à quatre poils, selon la quantité de soie qui entre dans sa fabrication. On appelle velours ras une espèce de velours qui est dépourvu de poil.

La profession de marchande de modes, les étoffes qu'elle

qu'elle emploie et les instrumens dont elle se sert ont donné lieu aux expressions proverbiales suivantes : on dit proverbialement *les fous inventent les modes et les sages les adoptent ;* proverbialement et figurément on dit, de deux ou trois personnes liées d'amitié et d'intérêt, et toujours d'un même sentiment, *ce sont deux ou trois têtes dans un bonnet ;* on dit proverbialement et figurément *de fil en aiguille* pour dire de propos en propos, d'une chose à une autre ; *il nous a raconté toute l'histoire de fil en aiguille;* on dit aussi d'une chose qu'on cherche, mais qui est très-difficile à trouver à cause de sa petitesse, *c'est chercher une aiguille dans une botte de foin;* enfin on dit proverbialement et figurément *donner du fil à retordre* pour dire causer de l'embarras.

l'Ouvriere en Dentelles.

L'OUVRIÈRE
EN DENTELLE.

L'OUVRIÈRE en dentelle est représentée dans la vignette travaillant en plein air, ce qui dans ce pays offre un spectacle assez curieux pendant les mois d'été. La dentelle ne se tisse pas, et elle n'exige ni le secours de la navette ni celui de la trame; elle se fait avec de la soie ou du fil, que l'on roule sur de petites bobines ou fuseaux de bois, d'os, d'ivoire et de buis, de la grosseur du petit doigt.

Le patron d'après lequel la dentelle se fait est dessiné sur un morceau de papier fort ou de parchemin, percé de trous d'épingles et appliqué sur un coussin que l'ouvrière tient sur ses genoux. Toutes les extrémités du fil sont attachées ensemble, et la faiseuse de dentelle les entrelace de différentes manières les unes sur les autres, autour d'épingles qui sont piquées dans les trous du modèle; elle déplace ces épingles pour les enfoncer dans d'autres trous du patron, à mesure que l'ouvrage s'avance, et produit par ce moyen cette multiplicité d'yeux ou de petites ouvertures qui donnent à la dentelle le dessin indiqué.

Cette opération exige beaucoup d'art et d'intelligence; c'est néanmoins un travail fort ennuyeux. Quand le fil est très-fin et que le travail est compliqué il exige un degré de patience que l'on espérerait en vain des personnes douées de quelque aisance. La fabrication des dentelles est en conséquence abandonnée à des femmes ou des filles indigentes, qui, par leur talent et leur dextérité, élèvent la valeur des matières premières d'un prix modique à des sommes considérables; mais le temps employé à ce genre de fabrication est toujours en proportion du mérite de l'ouvrage, de sorte que, tout bien considéré, ce travail rapporte fort peu de bénéfice.

L'origine de la fabrication des dentelles n'est pas exactement connue; quelques écrivains la croient la même chose que ce que les auteurs latins appelaient *l'art phrygien*; mais cet art consistait plutôt dans un travail à l'aiguille que dans l'espèce de tricot dont se compose la dentelle.

Les bordures cousues sur le drap et sur la tapisserie dont parlent les anciens étaient une espèce de dentelle faite à l'aiguille; celle-ci est nécessairement d'une étoffe beaucoup plus ancienne que celle faite au fuseau. Il existe une infinité d'échantillons de la première dans des meubles d'église; elle était, suivant toutes les apparences, l'ouvrage des nones et des femmes opulentes, qui consacraient leurs momens à manier l'aiguille par des motifs religieux ; mais si la dentelle eût été un objet mieux fabriqué en grand et répandu dans le commerce, il en eût été indubitablement question dans les écrits des auteurs contemporains.

Une fabrique de dentelles s'établit à Paris sous les auspices du célèbre Colbert, dans l'année 1666 ; mais cette dentelle se faisait à l'aiguille, et ressemblait à ce que nous appellons *point*. Les Allemands néanmoins réclament l'honneur d'avoir inventé les premiers l'art de faire de la dentelle avec un coussin et des fuseaux ; ils attribuent cette découverte à Barbara, femme d'Adrien Uttman, qui mourut vers l'an 1575. A cette époque les mines de l'Allemagne étaient beaucoup moins productives qu'elles ne le sont depuis plusieurs siècles ; les femmes et les filles des mineurs se mirent à faire de la dentelle. La modicité du prix de la main-d'œuvre mit à même de la vendre à si bon compte qu'elle devint à la mode, et qu'elle fit même tomber celle de porter le point d'Italie fait à l'aiguille.

La dentelle la plus estimée

est celle qui se fait à Bruxelles, Gand, Anvers et Valenciennes. Ce genre d'industrie fait beaucoup de bien aux pays environnans, et porte les fermiers à cultiver du lin dans les terres les moins fertiles de cette contrée : il se faisait encore beaucoup de dentelles autrefois en France dans les couvens.

En Angleterre la fabrique des dentelles est portée à une très-grande perfection; dans le comté de Buckingham particulièrement, dans la ville et le voisinage de Newportpagnel, qui est une espèce de marché pour cette branche de commerce, et qui en tire le plus grand parti.

Un très-petit nombre de proverbes est sorti de cette profession ou des instrumens qu'elle emploie; cependant on dit proverbialement *avoir des jambes de fuseau, des bras de fuseau,* pour dire avoir les jambes extrêmement menues.

LE PLUMASSIER.

Cette profession est encore l'une de celles qui en Angleterre sont exercées par les femmes. La personne représentée dans la vignette est occupée à arranger un panache militaire; mais les plumes qui sont exposées à la fenêtre sont celles que les dames portent pour parure. Depuis quelques années le commerce des

Le Plumassier.

plumes, surtout de celles qui servent aux aigrettes guerrières, est beaucoup augmenté.

Avant que les plumes ne parviennent à la personne qui les vend elles subissent différentes manipulations. On les frise en les soumettant aux mêmes procédés que les cheveux; on les teint aussi de différentes couleurs quand il en est besoin.

Les plumes dont on se sert ordinairement sont celles d'autruche, de héron, de coq, de cygne, de paon, d'oie et de corbeau; quelques-unes de ces sortes de plumes sont employées aux panaches qui décorent les voitures et les chevaux de deuil aux funérailles des grands. Nous devons encore à plusieurs de ces plumes le duvet sur lequel nous reposons, et l'instrument qui sert à écrire.

Les oies se plument dans quelques parties de la Grande-Bretagne cinq fois par an, savoir, la première fois à la Notre-Dame d'août, et les quatre autres entre cette époque et la Saint-Michel. La première de ces époques fournit les plumes à écrire, et les quatre autres, c'est à dire celles entre cette époque et la Saint-

Michel, fournissent les plumes de lit. Cette coutume barbare fait périr beaucoup d'oies dans les saisons rigoureuses. Les marais du comté de Lincoln sont peuplés d'un grand nombre d'oies, et le produit des plumes est si considérable qu'il rend par an trois cents sacs, pesant chacun cent livres et demie.

Les plumes destinées aux aigrettes militaires se tirent principalement de celles qui viennent au cou du coq; ces plumes sont très-recherchées. Le coq a sur le cou et sur le dos de longues plumes mêlées d'oranger, de noir et de jaune; sa queue se compose de plumes droites, bordées sur le côté de deux grandes plumes qui s'élèvent sur les autres sous la forme d'une faucille.

Le plumage du coq d'Inde est fort beau; il a cinq couleurs différentes, savoir, le noir, le blanc, le vert, le rouge et le bleu; sa queue se compose de douze belles plumes. Les naturels du pays prennent ces longues plumes pour faire des parasols et des éventails. Les plumes d'autruche néanmoins sont les plus estimées; elles ressemblent à celles qui sont représentées sur la vignette dans leur état naturel; elles sont pour la plupart noires et blanches. Les plumes les plus grandes de l'autruche sont à l'extrémité des ailes et de la queue.

Les plumes de cet oiseau ont besoin d'être teintes et de subir un apprêt avant de servir à la parure des femmes. Les dépouilles de l'autruche sont si précieuses que l'on ne doit pas s'étonner que les peuples dans le voisinage desquels elle se trouve soient ses ennemis jurés, et qu'ils soient attachés à sa poursuite. La valeur de l'autruche est si connue des Arabes, qu'ils dressent leurs meilleurs coursiers à la chasse de cet oiseau.

Les chasseurs viennent au rendez-vous dans les plaines, montés sur d'excellens chevaux barbes, et amènent des lévriers. L'autruche lancée court avec la plus grande rapidité; poursuivie de plus près, elle prend un pas lent, comme si elle ne se défiait pas du danger dont elle est menacée, ou qu'elle fût sûre d'échapper; elle fait ensuite des détours si brusques qu'il faut être un excellent cavalier pour la suivre dans tous ses mouvemens. En courant elle tient ses ailes comme des bras, dans une agitation continuelle qui correspond exactement avec les mouvemens de ses jambes; enfin, lorsqu'elle est épuisée de fatigue, elle se décide à se cacher; elle se couvre en conséquence la tête de sable ou l'enfonce dans le premier buisson qu'elle rencontre, et là elle attend patiemment que ses ennemis la prennent. Les chasseurs évitent toujours de tuer leur proie, parce que les plumes que l'on arrache à l'autruche pendant qu'elle est en vie sont celles qui ont le plus de prix; celles qu'on en retire après sa mort sont sèches, légères et sujettes à être piquées par les vers. Il est beaucoup de tribus d'Arabes qui la chassent et la prennent pour l'apprivoiser et en obtenir les plumes, ce qui donne très-peu de peine.

Le panache ou l'aigrette que la femme arrange dans la vignette se compose d'un nombre considérable de petites plumes; quand elles proviennent du cou du coq elles sont proprement montées sur du fil d'archal très-fin; mais si ce sont de petites plumes d'autruche on les lie autour d'une branche de gros fil de fer très fort. Les plumes d'autruche qui s'emploient seules sont terminées à leur extrémité inférieure par un fil de laiton pour les fixer à une toque, à un chapeau ou à un turban.

L'aigrette, oiseau que Willhugby croit être le même que celui que Gessner et Aldrovande ont décrit sous le nom d'*Alba-Minor* ou de *Garzetta*, a les plumes très longues et d'un grand prix; cet oiseau a donné son nom aux panaches militaires. Ces deux derniers auteurs prétendent que les plumes dont se parent les grands, et qui se vendent si cher, ne sont pas celles de la tête de cet oiseau, mais celles qui viennent sur le dos, à côté des ailes. Willhugby avait acheté à Venise l'aigrette qu'il a découverte ; elle n'avait pas de plumes, et il soupçonne qu'on les avait arrachées de l'oiseau avant de le lui vendre.

La contexture de la barbe des plumes en général est composée de filets si artistement entrelacés que la vue ne peut qu'exciter notre admiration, surtout lorsqu'on les regarde au microscope.

Le choix des plumes à écrire n'est pas indifférent; celles d'une moyenne grosseur et vieilles valent mieux que les grosses et les neuves; celles des corbeaux sont excellentes pour les écritures fines, et surtout pour la *sténographie*.

On dit figurément et proverbialement d'un homme à qui il en a coûté de l'argent pour se tirer d'une affaire, qu'*il y a laissé des plumes ;* en parlant du jeu on dit qu'*on a eu des plumes de quelqu'un* pour dire qu'on lui a gagné de l'argent.

LE BATTEUR D'OR.

La feuille d'or est de l'or battu avec un marteau, en lames excessivement minces. L'état de finesse à laquelle une masse d'or peut être réduite est presque incroyable : M. Boyle a trouvé que cinquante pouces carrés d'or ne pesaient qu'un grain, et comme un pouce cube d'or contient quatre mille neuf cent deux grains,

Le Batteur d'Or.

l'épaisseur de cette feuille d'or faisait moins que la deux cent quarante millième partie de l'épaisseur d'un pouce.

L'or destiné à faire des feuilles se fond d'abord dans un creuset avec du borax ; on le verse ensuite dans un moule de fer appelé lingotière, dont on le retire pour le faire chauffer et le forger en barres longues que l'on passe au laminoir jusqu'à ce qu'elles n'aient pas plus d'épaisseur qu'une feuille de papier ; on les coupe alors en morceaux d'égale longueur appelés *quartiers*, que l'on forge et que l'on chauffe de nouveau, ou que l'on fait recuire pour corriger la rudesse que le métal a contractée sous le marteau et au laminoir.

Pour aplatir ces quartiers en feuilles très-fines il est nécessaire d'interposer entre elles et le marteau un corps lisse qui amortit le coup et les préserve de la violence de son action; comme aussi de placer entre chaque quartier quelque corps intermédiaire qui les empêche de se joindre ou de se réunir les uns aux autres, et leur permet de s'étendre. Les batteurs d'or emploient pour cet usage trois espèces de membranes; l'une, qui couvre l'extérieur de ces quartiers, est de parchemin ordinaire; on se sert après cela de feuilles de vélin pour mettre entre les feuilles d'or; on emploie ensuite des membranes plus fines, appelées peau de beaudruche; c'est une pellicule que les bouchers ou les boyaudiers enlèvent de dessus les boyaux de bœuf, et que le batteur d'or ouvre en deux. La préparation de ces membranes forme une profession à part, et qui s'exerce par un très petit nombre de personnes dans ce royaume.

La *batte* d'or se fait sur un bloc de marbre très-uni, de deux à six cents livres, placé au milieu d'une table de bois ou caisse, de manière que la surface du marbre et celle de la caisse se trouvent de niveau. Trois des côtés de cette caisse sont garnis d'un bord très-élevé, et le devant, qui est ouvert, est muni d'un tablier de cuir que le batteur attache après lui pour y recevoir les parcelles d'or qui s'échappent de dessous le marteau.

Cette profession emploie trois marteaux, lesquels ont deux

ſaces convexes, quoique l'ouvrier ne se serve que de l'un de ces côtés. Le premier de ces marteaux, qui pèse de quinze à seize livres, s'appelle marteau plat à dégrossir; le second se nomme marteau à chasser; il pèse douze livres; le troisième marteau à achever; il pèse environ dix livres.

Cent cinquante feuilles d'or sont entremêlées avec des feuilles de vélin de trois à quatre pouces en carré. Une feuille de vélin se trouvant placée entre deux carrés d'or, le tout est enveloppé d'un fourreau ou enveloppe de plusieurs feuilles de parchemin appliquées les unes sur les autres, et collées par un des bouts, de manière qu'elles forment une espèce de sac ouvert ou d'étui. Sous les deux côtés de cet étui se trouvent vingt feuilles de vélin qui ne sont pas garnies de feuilles d'or, et qu'on place au commencement et à la fin du livret pour garantir la matière de la trop grande force des coups; de cette manière l'assemblage des feuilles d'or et de vélin se trouve serré et fermé de tous côtés. Le tout est battu avec le marteau à dégrossir, et retourné sens dessus dessous, jusqu'à ce que la dimension des feuilles d'or ait atteint celle du vélin. Les pièces du quartier, que l'on retire d'entre les feuilles de vélin, sont coupées en quatre avec un couteau à lame d'acier, et les six cents divisions sont ensuite entremêlées de la même manière avec des feuilles de baudruche de cinq pouces en carré.

On répète alors la batte de l'or jusqu'à ce que les carrés aient atteint l'étendue des peaux, et alors on les partage une seconde fois. L'instrument employé pour cette opération est un morceau de roseau taillé en biscau ; les feuilles deviennent si minces que l'humidité de l'air ou de l'haleine, qui se condense sur une lame de couteau métallique, les collerait les unes sur les autres. Après une troisième batte, faite de la même manière, on enlève les feuilles avec le bout de l'instrument de roseau, et après les avoir aplaties en les soufflant sur un coussin de cuir on les coupe les unes après les autres, et on leur donne la dimension qu'elles doivent avoir avec une espèce de chassis carré de roseau ayant un tranchant convenable; elles sont ensuite arrangées dans des livrets de vingt-cinq feuilles chacun, dont le papier est très-lisse et frotté avec du bole rouge pour empêcher qu'elles ne s'y attachent.

Le procédé de battre l'or est très-influencé par le temps; l'humidité et la gelée sont contraires à cette opération. L'or qu'on emploie dans cet art doit être au plus haut titre; il serait même difficile d'en employer qui ne fût pas très pur, attendu qu'un alliage, en trop petite quantité pour affecter la couleur de la feuille, la disposerait à perdre une partie de sa beauté à l'air; d'ailleurs l'ouvrier qui voudrait l'altérer s'exposerait à perdre plus par l'infidélité de son travail qu'il ne gagnerait par le bas aloi de la matière.

On dit proverbialement *tout ce qui reluit n'est pas or* pour dire que tout ce qui a l'apparence d'être bon ne l'est pas.

Le Paveur.

LE PAVEUR.

La profession de paveur est connue de tout homme qui a passé quelque temps dans une grande ville. Les outils employés pour ce travail sont en très petit nombre ; ils consistent dans une pioche pour creuser la terre à une profondeur susceptible de recevoir le pavé ; une grosse massue de bois appelée *demoiselle*, ferrée à son extrémité inférieure, et semblable à celle que l'homme représenté dans la vignette tient dans sa main; un balai de bouleau avec lequel il fait entrer le sable dans les joints qui existent entre les pierres.

L'utilité de cette profession sera facile à sentir si l'on considère qu'avant l'usage de paver Holborn, qui était une des rues principales de Londres, était tellement sale et remplie de boue qu'on était exposé à toutes sortes de dangers et de hasards, et que les voitures du roi y couraient autant de risques que celles de ses propres sujets. Les autres rues passent aussi pour avoir été fort malpropres, pleines d'ornières et de trous, et aussi incommodes pour les gens de pied que pour les gens à cheval. C'est à raison de ces inconvéniens que Henri V consacra deux navires du port de vingt tonneaux chacun à apporter des pierres pour paver les rues. Il paraît que c'est depuis cette époque que Londres a été pavé, par degrés et à mesure que ses différens quartiers devinrent plus peuplés. Smithfield n'a été pavé qu'en 1614.

Paris a été pavé à une époque bien antérieure. Philippe-Auguste, étant un jour à l'une des croisées de son palais, observa que la boue dont les passans étaient éclaboussés par les voitures jetait une odeur fétide; il résolut en conséquence de remédier à ce désagrément en faisant paver les rues de la capitale; il en donna l'ordre dans l'année 1184, et à cette occasion la ville, qui à raison de sa malpropreté portait le nom de *Lutetia*, de *Lutum*, mot latin qui signifie boue, bourbe, fange, limon, prit celui de *Paris*. Les pierres dont on se sert pour paver les chaussées des rues de Londres viennent principalement d'Ecosse ou des îles de Jersey et de Guernesey : la première de ces îles fournit du grès d'une couleur rougeâtre; les pierres que l'on tire de la seconde sont prises sur les côtes de la mer, et sont peut-être l'espèce la plus dure qui existe.

A Venise le pavé est de briques; en France de grès; à Amsterdam la chaussée est de silex, et les trottoirs de briques.

Si l'on en croit Isidore, les Carthaginois ont été les premiers qui aient pavé leurs villes; ensuite, à leur imitation, Appius Claudius Cæcus fit paver la ville de Rome cent quatre-vingt-huit ans après l'exclusion des Tarquins; c'est ce qu'on nommait la voie Appienne.

Les Romains avaient deux manières différentes de paver; ils avaient des chemins pavés de pierres; d'autres étaient cimentés de sable et de terre-glaise. Ces pavés formaient trois rangs; celui du milieu servait aux gens de pied; il formait le dos d'âne et était un peu plus élevé que les deux autres; les pavés en étaient taillés à pans incertains : les autres rangs étaient couverts de sable mêlé avec de la terre, sur lesquels les chevaux marchaient. Les Romains avaient des chemins bordés par intervalles de grosses bornes dressées à une hauteur commode pour monter à cheval, parce que les anciens n'avaient pas d'étriers, ce que l'on aurait peine à croire si tous leurs ouvrages n'en offraient la preuve.

Il existe en Irlande une espèce de merveille appelée le pavé des géans ; c'est un assemblage de colonnes prismatiques ; il forme un triangle équilatéral.

Les outils nécessaires aux paveurs de grand échantillon sont une pelle, une pince, plusieurs marteaux, entre autres un marteau à refendre, un autre à fouiller la terre, un niveau, et la demoiselle dont nous avons parlé ; ce dernier instrument, au lieu d'avoir deux anses ou deux bras comme en France, a une espèce de bras de levier au tiers de sa hauteur, à compter du haut, et une espèce de poignée à son sommet : nous laissons à la mécanique à juger si cette construction est la plus favorable aux efforts du paveur; ce qu'il y a de certain, c'est qu'elle l'oblige moins à plier le corps.

La profession, les outils et les matériaux du paveur ont donné lieu aux expressions proverbiales suivantes : on dit figurément et proverbialement d'un homme qui mange extrêmement chaud *qu'il a le gosier pavé ;* on dit encore *qu'un homme est sur le pavé* pour faire entendre qu'il ne sait pas où se loger ; on dit figurément *tenir le haut du pavé* pour dire tenir le premier rang, être le plus considéré en quelque endroit ; *il tient le haut du pavé en ce pays-là.*

Tâter le pavé, au figuré, signifie agir avec circonspection; proverbialement et figurément, pour dire qu'il y a une grande abondance d'une certaine sorte de choses dans une grande ville, ou une grande multitude d'une certaine sorte de gens, on dit *que les rues en sont pavées.*

Le Tourneur.

LE TOURNEUR.

L'ART de tourner est fort ingénieux, et ses travaux sont très-bien démontrés dans la vignette. Le principal instrument dont se sert le tourneur dans sa profession est le *tour*, qui lui est très-utile pour travailler le bois, l'ivoire et différentes autres substances, telles que le cuivre et l'argent, auxquels il donne une forme ronde ou ovale à son gré ; il est même des tourneurs qui attrapent la ressemblance sur le tour en l'air.

La profession de tourneur était fort connue des anciens, et elle fut portée par eux à un degré de perfection considérable. Elle est d'une grande importance à différens états ; l'architecte y a recours pour les ornemens du dedans et du dehors des maisons construites avec élégance ; le mécanicien et le physicien l'emploient non seulement pour embellir leurs instrumens, mais encore pour les appliquer à leurs différens usages.

Il y a plusieurs espèces de tours. Celui représenté dans la vignette est fort utile pour les petits ouvrages ; il en est qui exigent l'effort de deux hommes pour faire tourner la roue ; dans celui-ci elle est mise en mouvement avec le secours d'une pédalle ou marche, par l'ouvrier qui est occupé à tourner le bois.

L'objet à tourner se place sur l'axe alongé de la plus petite roue, et l'on appuie sur le support ou sur la barre le ciseau et tout autre instrument dont on se sert. Aussitôt qu'on l'approche du bois, pendant qu'il tourne avec rapidité, il en enlève très-proprement des copeaux.

La pièce avant d'être mise sur le tour doit être arrondie, soit avec une hache, comme celle qui est derrière l'ouvrier, ou avec une plane, espèce de couteau à deux manches, dont la lame est un peu ceintrée dans sa longueur, et on la rend d'une égale grosseur autant qu'il se peut, en la tenant un peu plus épaisse que le dessin que l'on veut exécuter.

L'apprentif tourneur doit chercher à bien se servir de la gouge et du ciseau, qui sont les instrumens dont il se sert le plus, et les plus nécessaires dans son état; c'est avec eux qu'il tourne tous les bois tendres. Quant aux corps durs, comme l'ébène, le buis, l'ivoire, etc., on les tourne en ratissant ou en raclant. Dans ce cas on se sert de bec-d'ânes ou de mouchettes à face droite et à face ronde. Ces derniers instrumens doivent être tenus horizontalement pendant qu'on les applique au bois; mais la gouge et le ciseau doivent s'appliquer obliquement.

Quand l'ouvrage est complétement tourné il faut le polir. Les bois tendres, comme l'érable, le peuplier, le bouleau, etc., peuvent se polir avec de la peau de chien ou avec la presle. La peau de chien est beaucoup meilleure lorsqu'elle est usée, parce que dans son état naturel elle est trop dure pour amener l'ouvrage à un degré convenable de poli; les presles les plus vieilles sont les meilleures, mais il faut les mouiller d'eau avant de s'en servir. Lorsque l'ouvrage est achevé de cette manière il faut le frotter avec un peu de cire ou avec des chiffons trempés dans de l'huile d'olive. L'ivoire, la corne, l'argent et le cuivre se polissent avec de la pierre-ponce bien pulvérisée et étendue sur du cuir.

Suivant le docteur Paley, sur un million d'hommes il n'y en a pas un qui sache comment se tourne un ovale. On peut s'y prendre de cette manière : fixez deux ovales de métal de l'étendue de celui dont vous avez besoin sur l'arbre du tour, de manière qu'ils tournent avec lui ; assujettissez entre eux le bois à tourner, de manière qu'il tourne autour de cet arbre, et ensuite il sera facile d'en faire un ovale avec le ciseau ou un autre instrument quelconque, attendu que le tour décrira exactement par son mouvement de rotation la figure extérieure des ovales externes.

En posant un tour il faut avoir le plus grand soin qu'il soit placé au jour, près de la fenêtre, de manière qu'il ne soit pas assez bas pour obliger l'ouvrier de se baisser pour voir son travail, ni assez haut pour que les copeaux puissent lui sauter aux yeux.

Les tours destinés à des ouvrages délicats sont très-chers. Le fonds d'un maître tourneur a par conséquent beaucoup de valeur, et l'on ne doit destiner à cet état que des apprentifs qui aient le génie de la mécanique, car il se fait sur le tour une foule prodigieuse de petits ouvrages et de curiosités qui se vendent journellement dans les boutiques des marchands ébénistes. Le tourneur qui travaille sur l'ivoire doit préférer celui dont la coupe est transversale, parce qu'on y voit mieux les grains de cette substance qui la distinguent facilement de l'os, à l'œil des moins connaisseurs.

Les ouvrages en ivoire jaunissent à l'air; on leur rend leur blancheur en les exposant à la rosée, ou en les humectant d'eau de savon ; mais il ne faut pas les laisser exposés au soleil, de peur qu'ils ne se fendent.

La profession de tourneur, ses outils et les matières qu'il emploie ont donné lieu aux proverbes suivans : on dit qu'*une femme a le bras, la main, la gorge faits au tour,* pour dire qu'elle les a parfaitement bien faits ; on dit encore dans le même sens qu'*un homme, qu'une femme sont faits au tour;* on dit figurément d'un bel homme ou d'une belle femme qui ont de belles dents qu'*ils ont des dents d'ivoire;* d'un homme ou d'une femme qui ont un menton qui avance qu'*ils ont un menton de buis;* on dit proverbialement *les ciseaux de la parque.*

LE BROSSIER.

Le travail de cette profession est très-bien développé dans la vignette. L'ouvrier fait des brosses de toutes espèces, des balais de crin, des balais *caniches*, et même des balais de bouleau; c'est encore le brossier qui se charge de faire des mesures en bois pour le grain et le charbon de terre.

Tom. Ier Pag. 128.

Le Brossier.

Le dos ou le bois des brosses est ordinairement de chêne; le brossier lui donne les dimensions convenables avec l'instrument dont on voit qu'il se sert dans la vignette. Cet instrument est un grand couteau attaché à l'une de ses extrémités par un crochet à un billot de bois, et de manière qu'il puisse se mouvoir de haut en bas; à l'autre extrémité est un manche de bois. L'ouvrier tient le bois à couper de la main gauche, tandis qu'il fait agir le couteau de la main droite. Il faut toujours que cet instrument soit bien tranchant; sa forme et la manière de s'en servir parviennent promptement à réduire le bois aux dimensions désirées. Quand le bois est taillé on le perce d'autant de trous qu'il est nécessaire, et c'est dans ces trous que l'on insère le crin.

Le brossier emploie des soies de sanglier pour faire des vergettes : une grande quantité de ces soies est importée tous les ans, en temps de paix, de l'Allemagne; mais elles paient des droits considérables à leur entrée. Il y a des brosses de différentes espèces et de différentes formes; elles portent les noms suivans : *brosses à l'apprêt*; ce sont des brosses courtes: *brosses de carrosses;* elles sont à queue large : *brosses à cheval;* ce sont celles avec lesquelles on étrille les chevaux : *brosses à chirurgien;* celles avec lesquelles on fait des frictions aux malades attaqués de rhumatismes : *brosses à dents;* le poil en est très-court et attaché au dos sur un fût d'ivoire : *brosses à trois faces;* elles s'emploient par les tapissiers, et sont faites de soies de sanglier : *brosses d'imprimerie;* ce sont celles avec lesquelles les imprimeurs lavent leurs formes : *brosses à ligne*; les peintres s'en servent à tracer des moulures sur leurs tableaux: *brosses à plancher*; ce sont celles dont se servent les frotteurs d'appartement : *brosses à tuyau*; les doreurs sur bois les emploient pour coucher d'assiette dans les filets.

Il se fait des brosses et vergettes de différentes autres formes; les matières qu'on y emploie sont de trois sortes, de poil ou crin, de bruyère et de chiendent. Il est encore des brosses appelées *décrotoires*; d'autres nommées *polissoires*; il y en a qui servent de peignes pour les enfans et pour les personnes qui se font couper les cheveux à la Titus ; enfin il se fait des *balais de crin* ou de *soies de sanglier* qui ne sont, à proprement parler, que des brosses. Quelques brosses sont garnies d'une manicle, comme celles à l'usage des cochers; d'autres d'une courroie de pied ; ces dernières sont à l'usage des frotteurs.

La vergette est un ustensile de ménage qui sert à nettoyer les habits. La structure de toutes les brosses est à peu près la même. Lorsqu'on a trié et assorti les crins ou soies on les noue dans le milieu avec du fil de laiton, et dans cet état on les enfonce dans le bois, où on les y fixe avec de la colle-forte; on en coupe ensuite les crins, de manière que la surface en soit horizontale et très-unie. Le crin des balais se double en deux; chaque mèche se fixe dans les trous avec de la poix mêlée de résine. Dans quelques brosses, comme celles suspendues à une traverse à droite derrière l'ouvrier, le fil de laiton est visible sur le dos; à d'autres le dos est lisse, parce que des lamelles de bois très-minces sont colées sur le fil de laiton. Les brosses de frotteur, que l'on voit suspendues au-dessus de la tête de l'homme, sont recouvertes d'une plaque de plomb, pour que leur pesanteur facilite le travail de celui qui frotte les appartemens. Les balais appelés *balais caniches* se font avec des haillons de laine que de vieilles pauvres femmes ramassent dans les rues.

Les vaisseaux propres à mesurer le charbon ou à le porter au foyer sont ordinairement en chêne, avec des anses en fer ou en bois ; ils ne sont pas si propres que ceux de cuivre ou de tôle vernie, mais aussi ils coûtent bien moins cher et durent beaucoup plus longtemps que ceux en métal.

La fabrication des mesures que l'on voit derrière l'ouvrier dans la vignette exige la plus grande précision; elles doivent contenir avec exactitude une quantité de grain ou de charbon de terre déterminée.

La division des travaux de ce genre se fait de telle manière dans la Grande-Bretagne que ce ne sont pas les mêmes personnes qui font les balais et les manches; il y a dans le Kent-Street et dans plusieurs autres quartiers à Londres des manufactures de manches à balai.

Les balais de bouleau forment un commerce distinct et très-lucratif.

Le bouleau est un arbre qui croît sur un sol où rien autre chose ne peut venir. Des terrains couverts de mousse produisent des bouleaux en telle abondance que l'on en retire dix livres sterling par acre, et que ces produits augmentent considérablement d'année en année.

Les marchands de balais ne

sont pas les seuls qui achètent le bouleau; ceux qui lient des cercles de tonneau en font le plus grand usage; ces derniers achètent les arbres qui sont parvenus à toute leur grosseur, et ce bois leur sert à faire des jougs et autres instrumens d'agriculture. Dans les contrées septentrionales de l'Europe le bois de bouleau sert à faire des roues de voiture. On dit familièrement et figurément *se prendre aux crins* en parlant de deux hommes qui se prennent aux cheveux.

Le Tailleur.

LE TAILLEUR.

Le tailleur fait des vêtemens pour les hommes ainsi que pour les enfans, et des rédingottes pour les femmes. Il y a toujours deux sortes d'ouvriers chez un tailleur qui est très-occupé, savoir, un premier garçon, qui prend les mesures des habits des personnes pour lesquelles il travaille, coupe le drap, et porte chez les pratiques les vêtemens quand ils sont faits; les autres sont des garçons ordinaires qui sont assis les jambes croisées sur un établi, comme l'homme représenté dans la vignette près de la fenêtre. Il en est très-peu de ces derniers qui sachent couper les habits qu'ils sont chargés de coudre. Les outils qu'exige le métier de tailleur sont en très-petit nombre, et fort peu dispendieux; ils consistent en une paire de gros ciseaux pour celui qui coupe, et pour les autres dans une paire de ciseaux ordinaires, un dé et des aiguilles de différentes grandeurs; leur dé a cela de particulier qu'il est ouvert des deux bouts. Indépendamment de ces outils, le tailleur a besoin de longues bandes de papier ou de parchemin, qui lui servent de mesure, et d'un fer à repasser, appelé *carreau* en France, et *oie* en Angleterre; c'est avec ce fer, quand il est chaud, qu'il rabat les coutures pour donner plus de grâce à son ouvrage : le support de ce carreau est ordinairement un fer à cheval très-brillant. Devant le premier garçon ou le maître, car chez les tailleurs qui n'ont pas beaucoup d'ouvrage le maître coupe, prend la mesure de ses pratiques et leur porte lui-même leurs habits, est un grand coffre ouvert; ce coffre contient du bougrand, du ruban, du fil, du cordonnet, des boutons, etc., dont chaque tailleur doit être bien fourni, et dont il retire de très-grands profits. Sur la tablette est une pièce de drap propre à faire des habits, avec un livre d'échantillons.

Le tailleur achète ces étoffes du marchand de draps, qui tire lui-même toutes ses marchandises de la factorie de Blackwellhall, ou de tous les marchands de draps établis dans la partie occidentale d'Angleterre. Il se vend à la foire de Bristol, qui se tient en septembre, une quantité prodigieuse de draps à grand aunage; cette foire dure quatorze jours, et des marchands de draps y louent à cet effet des boutiques.

Le tailleur traite aussi avec le marchand de toiles pour des gilets de fantaisie et autres objets d'habillement; ainsi qu'avec le marchand mercier pour le fil et les objets de détail dont nous avons parlé; mais lorsqu'il fait des habits pour les militaires il faut qu'il aille chez le galonnier pour y prendre les ornemens dont il a besoin.

Dans les temps d'un deuil général, à la mort d'un membre de la famille du souverain, les garçons tailleurs en Angleterre gagnent le double de leurs gages ; mais aussi le nombre des heures du travail est augmenté.

Un auteur qui a écrit sur l'art du tailleur dit que les ouvriers de ce genre doivent avoir la vue prompte à saisir la coupe d'une manche, la taille d'un pan d'habit ou la forme d'une nouvelle mode quand il a les patrons devant lui, mais qu'un bon tailleur doit la saisir au passage, dans une voiture, ou dans l'espace qui existe entre la porte d'une maison et la portière d'un carrosse; non seulement il doit savoir attraper la coupe des gens biens faits, mais donner une belle taille à ceux qui ne l'ont pas reçue de la nature; il doit faire en sorte que les habits aient un air dégagé malgré l'air gauche de celui qui les porte; sa main et sa tête doivent être d'accord, et il faut que son ouvrage soit élégamment fini.

La laine dont se fait le drap est une branche importante des fabriques de la Grande-Bretagne. Les Anglais sont si jaloux de leur laine, qu'indépendamment des précautions qu'ils prennent pour qu'on en use pas d'autre dans leur pays, ils la veulent vendre eux-mêmes et la transporter dans les pays qui en forment des demandes.

Il y a longtemps qu'on a rien changé à l'essentiel de l'habit complet en France et en Angleterre; les modes s'exercent seulement sur les accessoires, comme sur les paremens et les boutons.

Depuis une loi de Georges Ier les boutons en Angleterre doivent être ouvrés : cette loi a eu pour but de procurer de l'occupation à une foule d'ouvriers qui manquaient d'ouvrage ; et personne ne peut porter des boutons de la même étoffe que les habits sans encourir une forte amende et la saisie des vêtemens.

Les instrumens du tailleur sont la *criquette*, le *carreau* et le *patira*.

Le carreau, dont nous avons déja parlé, est entièrement de fer, plus grand du double et plus épais qu'un fer à repasser ; il s'emploie toujours chaud. On connaît le degré de chaleur qu'il doit avoir en l'approchant de la joue, ou bien en le passant sur un morceau d'étoffe qu'il ne doit pas roussir. Le carreau sert à unir et à rendre le premier lustre à l'étoffe chiffonnée.

La criquette est aussi de fer carré ou triangulaire ; elle a une rainure sur chacune de ses faces, et l'on y introduit la boutonnière que l'on veut soumettre à l'action du carreau.

Le patira est de laine ; le tailleur peut le fabriquer lui-même, en cousant l'une à l'autre deux lisières de drap, dont il forme une bande carrée de la longueur d'un pied et demi ou environ; on s'en sert pour unir les galons lorsqu'ils sont cousus; on place dessus le patira l'étoffe avec le galon en-dessous, et l'on met du papier entre le galon et le patira; l'on presse ensuite à l'envers avec le carreau.

La profession de tailleur, ses outils et les étoffes qu'il emploie ont donné lieu aux expressions proverbiales suivantes :

On dit figurément et proverbialement qu'*un homme peut*

tailler en plein drap quand il a amplement et abondamment ce qui peut servir à l'exécution d'un dessein, d'un plan, d'un projet.

On dit encore proverbialement *au bout de l'aune faut le drap*, pour dire qu'il n'y a rien dont on ne trouve la fin, que les choses vont jusqu'où elles peuvent aller.

On dit proverbialement *l'habit ne fait pas le moine* pour dire que l'on ne doit pas juger sur les apparences, par les dehors.

FIN DU 1er VOLUME.

TABLE

DES PROFESSIONS

DÉCRITES

DANS CE VOLUME.

FIN DE LA TABLE.

www.ingramcontent.com/pod-product-compliance
Ingram Content Group UK Ltd.
Pitfield, Milton Keynes, MK11 3LW, UK
UKHW020246250726
13967UKWH00004B/1538